MISCELLANÉES

PAR

Henri BARDY

****

SAINT-DIÉ
TYPOGRAPHIE ET LITHOGRAPHIE C. CUNY

1901

MISCELLANÉES

PAR

Henri BARDY

———

* * * * * * * *

SAINT-DIÉ
TYPOGRAPHIE ET LITHOGRAPHIE C. CUNY
—
1901

POISSONS
ET
USINES

Les Sociétés de Pêcheurs qui, dans ces derniers temps, se sont constituées de divers côtés, ont remis sur l'eau — c'est bien le cas de le dire — la question du dépeuplement des rivières et des ruisseaux. Deux organes de publicité s'en sont tout récemment occupés : la *Revue scientifique* (n° du 24 novembre), dans une étude de M. Xavier Raspail sur « les causes diverses du dépeuplement de certaines rivières », et le *Petit Journal* (n° du 7 décembre) dans un article dont le titre « les ennemis de la truite » paraît, de prime abord, un peu spécial, mais qui n'en dit

POISSONS
ET
USINES

Les Sociétés de Pêcheurs qui, dans ces derniers temps, se sont constituées de divers côtés, ont remis sur l'eau — c'est bien le cas de le dire — la question du dépeuplement des rivières et des ruisseaux. Deux organes de publicité s'en sont tout récemment occupés : la *Revue scientifique* (n° du 24 novembre), dans une étude de M. Xavier Raspail sur « les causes diverses du dépeuplement de certaines rivières », et le *Petit Journal* (n° du 7 décembre) dans un article dont le titre « les ennemis de la truite » paraît, de prime abord, un peu spécial, mais qui n'en dit

pas moins, sur ce sujet, des choses excellentes et parfaitement vraies. Il dit notamment que la catégorie la plus malfaisante des destructeurs de poissons d'eaux douces est celle des usiniers qui, en y déversant les produits résiduels de leurs industries, infectent les cours d'eau grands et petits. Cela n'est pas du nouveau ; on l'a constaté mille fois, mais les arrêtés préfectoraux et autres règlements administratifs n'ont jamais pu rien empêcher sous ce rapport. Le propriétaire d'usine, le grand industriel fait généralement partie de ce que le peuple appelle » « les grosses légumes ». Il est le plus souvent maire de sa commune, conseiller général de son canton, député de son arrondissement. Le *Petit Journal* raconte, dans l'article que je viens de citer, ce que disait un jour un des membres de cette catégorie de destructeurs : « J'en suis quitte,
« année moyenne, pour 40 ou 60 francs
« de procès-verbaux, au lieu des 80.000 fr.
« que me coûteraient les travaux qu'il me
« faudrait faire pour me mettre en rè-

« gle. » Cela semble peut-être un peu exagéré, mais au fond, rien n'est plus vrai.

Cette question de l'altération des cours d'eau par les déjections des résidus des établissements industriels a, depuis longtemps, été agitée dans notre pays vosgien. Il y a bien des années que l'on se plaint ici de ces usines dont les jets de matières corrosives, colorantes ou autres, empoisonnent sans cesse les eaux de la Meurthe et de ses affluents, et les dépeuplent à un point tel que le poisson y devient de plus en plus rare, et que quelques espèces, comme la truite, tendent à disparaître. Dès 1853, le Conseil d'hygiène de l'arrondissement de Saint-Dié avait eu à s'occuper de cela, à la suite d'une plainte formée par M. de Bazelaire, alors propriétaire du château de Saulcy, contre une grande usine située en amont de ce village.

Les plaintes des pêcheurs augmentèrent au fur et à mesure que se développaient les usines. Et cela se passa dans tous les pays où, par la même cause, le dépeuplement se faisait et se généralisait au point d'émouvoir l'opinion publique. Partout, on réclama des lois et des réglements.

Ce fut l'Angleterre, pays éminemment industriel et peuplé des gens les plus pratiques du monde, qui donna l'exemple, et, pour conjurer le danger, édicta la loi du 15 Août 1876. Chez nous, moins respectueux de l'autorité que nos voisins d'Outre-Manche, on n'en put faire autant ; car, comme l'ont fort bien dit MM. Schlœsing et Durand-Claye dans un rapport sur *l'altération des cours d'eau par les produits industriels,* présenté au Congrès international d'hygiène de 1878, « il faut vaincre
« l'inertie ou la mauvaise volonté des in-
« dustriels, qui se refusent le plus souvent
« aux dépenses les plus minimes, lorsqu'il
« s'agit de mesures hygiéniques, et qui
« considèrent bien souvent les cours d'eau
« comme des exutoires où ils ont le droit
« de jeter impunément les résidus de leurs
« exploitations, fut-ce de l'arsenic ou des
« débris animaux en putréfaction. »

Nous avons par ici pas mal d'établissements industriels isolés, disséminés le long des cours d'eau, et capables de les altérer. Il y en a à résidus minéraux et d'autres à résidus organiques. Ne voit-on pas la Meurthe teinte par des matières colorantes ou empoisonnée par du chlore? On peut observer parfois, depuis le pont de Raon-l'Etape, où le courant est moins rapide qu'à Saint-Dié par suite de l'élargissement du lit de la rivière, la surface de l'eau recouverte d'une pellicule excessivement mince, d'aspect huileux et nuancée de reflets irisés, indices certains d'une notable altération de cette eau.

Il est incontestable que, dans un tel milieu, les poissons meurent.

Les résidus les plus nuisibles sont ceux des fabriques de produits chimiques, des blanchisseries au chlore, etc. Ils causent la mort, non seulement des œufs, mais aussi du fretin et du poisson adulte. Dans ses nombreuses excursions sur les fleuves et les rivières de France, l'ingénieur Millet a constaté des désastres de cette nature dans des cours d'eau qui n'avaient même reçu qu'une très faible quantité de produits délétères. Si les résidus contiennent des matières organiques susceptibles de fermentation, et c'est le cas des féculeries, l'eau est progressivement dépouillée de la plus grande partie de l'oxygène qu'elle tenait en dissolution et devient impropre à la vie des poissons, qui périssent asphyxiés. Il en est de même pour les écrevisses.

Je viens de citer les féculeries. On peut voir qu'à la sortie de l'usine, les eaux sont inodores et plus ou moins roussâtres ; elles forment, par l'agitation, des mousses blanches, persistantes, d'albumine coagulée. Elles déposent partout en aval des masses blanchâtres, poisseuses, sans grande consistance ; des grumeaux gluants flottent dans le courant ; la surface se couvre d'écume, et l'eau exhale une odeur détestable d'œufs pourris ou d'hydrogène sulfuré par le fait de la transformation des sulfates dissous en sulfures. L'examen microscopique montre que ces masses et ces grumeaux ne sont autre chose que des conferves, *sulfuraires* et *hygrocrocis*, qui se putréfient et favorisent, par leur décomposition, le développement d'une quantité d'infusoires qui vivent au dépens de l'oxygène de l'eau.

Il est donc certain que la corruption des eaux a de très fâcheuses conséquences pour l'alimentation publique. En effet, un certain nombre de poissons, comme ceux de la famille des cyprinides, dont le barbeau et la tanche font partie, se nourrissent de matières organiques. Si celles-ci sont vénéneuses, les poissons qui les ont absorbées et qui sont livrés à la consommation peuvent causer des accidents. Ce fait est à la connaissance de toutes les ménagères, qui rejettent toujours avec grand soin les œufs de tanche et de barbeau, parce qu'ils occasionnent parfois de violentes coliques.

Comme l'a dit un jour le Dr Bergeron, vice-président du Comité consultatif d'hygiène de France, qui vient de mourir, il s'agit de sauvegarder la santé des populations sans compromettre le succès ni entraver le développement de l'industrie. Mais à une époque où chaque jour, pour ainsi dire, voit s'élever une nouvelle usine ou se produire une industrie nouvelle, il devient de plus en plus urgent que les industriels emploient les moyens de rendre les plus inoffensifs possible les résidus liquides ou solides de leurs usines. On pourrait ajouter qu'ils devraient plus que jamais se conformer strictement aux lois, réglements ou arrêtés qui régissent la matière. En définitive, si l'on demande à réglementer les usines, relativement à ce qu'elles peuvent avoir de fâcheux au point de vue de la salubrité des cours d'eau sur lesquels elles ont situées, il n'y a là rien de restrictif. Quelles sont donc les professions qui n'ont pas leurs réglements et leurs restrictions? Il me semble que la récente loi sur la durée du travail dans les manufactures est bien autrement véxatoire — les échos de la police correctionnelle sont là pour le dire — que celle qui oblige tout usinier « à rendre à leur cours naturel les eaux qu'il emploie à un degré tel qu'elles ne puissent porter préjudice à aucun usage inférieur ni au peuplement des cours d'eau ».

La mortalité qui sévit parfois sur les poissons et les écrevisses est évidemment due aux déjections insalubres de certaines usines. On se souvient de celle qui, au mois de juillet 1881, dépeupla la Meurthe, entre Saint-Nicolas et Nancy. On a attribué cette épizootie à une cause parasitaire. En faisant l'autopsie des poissons morts — presque tous des barbeaux, — on avait trouvé sous la peau et sur les organes internes des abcès volumineux gorgés d'organismes parasites, dont l'évolution et le développement devaient amener la mort. Cela est fort bien. Mais d'où venaient ces parasites ? De quelque part, sans doute, car il n'y a pas de générations spontanées.

La présence de parasites helminthes, nématodes, etc., en plus grand nombre que de coutume, dans les organes des poissons examinés, était due, comme je l'ai dit à cette époque, dans une lettre adressée au *Progrès de l'Est*, à l'état de mauvaise santé, de dépérissement, dans lequel se trouvaient ces animaux, vivant dans des eaux polluées par des matières toxiques de toute espèce. Débilités comme ils étaient, la lutte pour la vie leur devenait impossible, et ils offraient un excellent terrain de culture pour la multiplication à l'infini de micro-organismes, bactéries ou bacilles. Dans cette circonstance, on avait encore pris l'effet pour la cause.

10 Décembre 1900.

LE CHAMPIGNON
DÉVASTATEUR

(Merulius Destruens)

Dans son instructif et si amusant livre intitulé *L'ami Kips*, Georges Aston nous fait entreprendre un voyage botanique des plus intéressants dans notre propre maison, qu'il explore de la cave au grenier, sans en excepter la cour, en nous montrant les plantes de tous genres et de toutes espèces qui y croissent. L'auteur — ou plutôt l'ami Kips, — n'a garde d'oublier de nous faire observer, au-dessus de la porte de la cave, en l'éclairant avec son énorme lanterne ronde à réflecteurs métalliques, cet affreux champignon qui, par ses ravages, fait le désespoir des propriétaires, dont il est véritablement la bête noire. Voyez-le se dérouler en grandes bandes orangées. Chacun de ses rubans est tout au long froncé et bordé par un liseré blanchâtre, cotonneux. La face supérieure est d'un beau jaune velouté ; de loin en loin, sur la bordure, au milieu des ondulations, perlent de grosses gouttes liquides, qui brillent à la lumière. Ce sont ces gouttes qui ont fourni le nom spécifique. Mais les botanistes descripteurs ont vu la chose poétiquement. De Candolle s'est attendri à la vue de ce champignon qui pleure sur ses dévastations ; il l'a nommé le Mérule larmoyant (*Merulius lacrymans*).

Ce redoutable cryptogame n'a pas que les poutres des caves pour habitation. Bien souvent, il pénètre dans les appartements, s'insinue sous les planchers, se glisse derrière les boiseries, tapissant les murs humides et décelant parfois sa présence par une désagréable odeur de moisi. Il étend ses minces lames et allonge son mycelium en longs filaments très-déliés dans les endroits obscurs, où l'air ne circule et ne se renouvelle pas, s'enfonce dans le tissu du bois, le désagrège et finit bientôt par le détruire entièrement pour se mettre à sa place.

Les dégâts qu'il peut occasionner sont vraiment effrayants, et, pour n'en citer que deux exemples, qui sont en quelque sorte classiques, on peut rappeler *le Foudroyant,* un de nos plus beaux vaisseaux de guerre, qui, à peine construit, devint la proie d'un champignon de cette espèce qui le dévasta complètement, malgré tous les efforts tentés pour arrêter ses ravages. Un autre navire, la *Reine Charlotte,* eut, en Angleterre, le même sort. Heureusement, de pareils cas sont rares.

Bien des personnes, qui ont eu la malchance de le connaître à Saint-Dié, où il s'est montré à plusieurs reprises, et en abondance, ne seront peut-être pas fâchées d'avoir sur son compte quelques renseignements, dont elles pourront faire leur profit, en cherchant à s'en garer au besoin.

Outre le nom que lui ont valu ses larmes — vraies larmes de crocodile, — il porte plus justement celui de Champignon dévastateur (*Merulius destruens*), que lui a donné Persoon. Il est du grand groupe des *Basidiomycètes*, de la famille des *Polyporées* et du genre *Merulius*. Voici, d'après la *Flore générale des Champignons* d'Otto Wunsche, la diagnose de l'espèce qui nous occupe; nous la choisissons de préférence parce qu'à notre avis elle résume le mieux tous les caractères botaniques de la plante : Aplatie et très-largement étalée, ayant plusieurs pieds d'étendue; spongieuse-charnue, humide, d'un jaune d'ocre ou d'un brun de rouille, filandreuse-veloutée en dessous; bords épais, tomenteux ou cotonneux, secrétant, par une croissance exubérante, des gouttes d'un liquide aqueux, clair, ayant un mauvais goût, plus tard laiteux; pourvue de plis réticulés portant des spores ronds, longs ou courbés, D'une odeur fade et nauséabonde, surtout quand elle est sèche. Recouvrant d'abord, comme une moisissure, des troncs morts, des poutres, des planches pourries, des meubles, dans les maisons.

Ceux qui ont, une fois, vu le Mérule dévastateur dans tout son développement seront frappés de l'exactitude de ce signalement. Nous avons pu, pour notre part, faire sa connaissance et apprécier, à nos dépens, ce dont il est capable.

A un certain moment, — il y a de cela une quinzaine d'années, — il y eut, à Saint-Dié, dans les rez-de-chaussée de plusieurs maisons de la Grande-Rue, de la rue Dauphine et de la place des Vosges, une véritable et désastreuse invasion de ce cryptogame. Précédemment, avaient eu lieu, pour la construction des égoûts, de grands remuements de terres. N'était-ce là qu'une simple coïncidence ? Ou bien, ces travaux avaient-ils, par les effluves humides et imprégnées de germes de toutes sortes qui se dégageaient de ce sol urbain et rempli de souillures, rendu à l'activité des spores sommeillant, çà et là, dans des bois pourris et préalablement contaminés ?

C'est qu'il n'est pas facile de se débarrasser de cet hôte redoutable. On a conseillé des lavages avec l'acide sulfurique étendu d'eau. C'est le moyen préconisé par Persoon, dans sa *Sinopsis* des champignons : *remedium contrà hunc fungum propositum consistit in oleo vitrioli aquà diluto*. C'est ce qu'indique aussi Gillet, mais d'une manière dubitative, dans son ouvrage sur les *Hyménomycètes de la France* : « On détruit, dit-on, ce champignon en grattant le bois et en étendant à sa surface, au moyen d'un pinceau, une eau mêlée environ à un tiers d'acide sulfurique ».

Mais le meilleur c'est d'établir, sous les planchers, des courants d'air forts et continus. Il ne faut pas surtout que cet air y soit confiné, stagnant, emmagasiné comme dans une serre ou une couche. Ce qui n'empêchera pas de badigeonner largement les murs, les poutrelles et les planches avec des solutions concentrées de sulfate de cuivre ou de sublimé corrosif.

Comment cette plante malfaisante se développe-t-elle ? Parce que des spores, disséminés par un hasard quelconque, se développent, grâce à des conditions d'humidité, d'obscurité et de chaleur les plus favorables à leur germination. Le plus souvent, ces spores se trouvent déjà dans le bois de l'arbre, quand il est encore en forêt. On a le grand tort de s'en servir, pour les constructions, lorsqu'à peine façonné en planches ou autrement il est encore vert. On n'était pas si pressé autrefois pour le mettre en œuvre ; on attendait, pour cela, plusieurs années, en le faisant sécher avec des soins particuliers. Mais, à notre époque où tout marche à la vapeur, on a trop de hâte pour mettre, à sa complète dessication, le temps et les précautions nécessaires.

Ce vilain champignon se plaît sur les bois *travaillés*. C'est pourquoi il attend qu'ils soient sortis de la forêt pour exercer ses ravages dans les habitations. On peut dire que c'est un champignon *domestique !...*

Il n'y a pas absolument que lui de nuisible parmi les Polyporées. Nous en avons jadis recueilli un autre, qui paraît être dans son cas, mais à un bien moindre degré. C'est le *Polyporus imbricatus* variété *ramosus*. Nous l'avons trouvé, en été, sur une pièce de bois de peuplier formant le dessus de la porte d'une remise appartenant à M. Alex. Stouls, à l'angle des rues des Jardins et de l'Orient. D'après M. C. Roumeguère, le savant cryptogamiste de Toulouse et le fondateur de la *Revue mycologique,* auquel nous avions fait part de notre trouvaille, cet exemplaire a été le premier de cette forme rare signalé en France depuis sa découverte en Belgique. Il était énorme, puisque son périmètre mesurait 1 m. 20 cent. Sa description en a été donnée dans la *Revue mycologique,* n° de janvier 1884.

Ce Polypore, et beaucoup d'autres, qui, en forêt, s'attaquent aux arbres, nuisent à la qualité du bois, qu'ils détériorent plus ou moins, ne sont que peu de chose en comparaison du Mérule dévastateur qui le désagrège, l'émielle, le pulvérise en quelque sorte et finit par l'anéantir.

15 Décembre 1900

AU PAYS VOSGIEN

FÉES & ELFES

Les Fées !... Ce nom de *Fée* n'évoque-t-il pas de lointains et bien doux souvenirs d'enfance et de jeunesse ? Ne rappelle-t-il pas les soirées d'hiver où nos grand'mères nous amusaient par des récits légendaires dans lesquels ces êtres surnaturels et fantastiques jouaient le plus grand rôle ? Que de belles et merveilleuses histoires sur ce mystérieux sujet, et avec quelle attention nous les écoutions, surtout quand notre jeune cerveau était encore imprégné d'une récente lecture des jolis *Contes de fées* de Perrault, qui alors se trouvaient dans toute bibliothèque enfantine.

Les fées !... C'est qu'il y en avait de deux sortes, les bonnes et les méchantes. Gare à ces dernières, irascibles et vindicatives, dont la fâcheuse influence ne pouvait être que difficilement combattue. Combien il fallait craindre, parmi celles-ci, la fée Rageuse, la fée Mélye, la fée Truitonne, et surtout la vilaine fée Carabosse !...

Heureusement, les bonnes formaient de beaucoup le plus grand nombre. Tout petits, nous nous faisions déjà une idée, bien vague, bien imprécise, il est vrai, de ces charmantes et gracieuses créatures qui, toujours leur baguette magique à la main, douaient les enfants au berceau de qualités heureuses, leur servaient de marraines, en leur donnant un nom et en veillant sur eux à la manière d'un ange gardien.

La croyance aux fées existe dans presque toutes les mythologies populaires. Elles prennent différents noms suivant les pays. Ce sont les *Fairies* en Angleterre, les *Fairfolks* en Ecosse, les *Alfs* en Scandinavie, les *Femmes blanches* et les *Elfes* en Allemagne, les *Dames vertes* en Franche-Comté, les *Nibrianes* à Naples, et les *Péris* en Perse. C'étaient déja, chez les anciens Romains, les *Carmentes*, déesses tutélaires des enfants; elles présidaient à leur naissance, chantaient leur horoscope et leur faisaient un don, comme les fées en Bretagne.

On a essayé d'expliquer l'origine de la croyance aux fées en remontant aux derniers temps de la religion druidique, dans laquelle, on le sait, les femmes occupaient une place considérable. On a pu supposer, avec quelque vraisemblance, que lorsque les missionnaires chrétiens pénétrèrent dans notre vieille Gaule pour y apporter les lumières de l'Evangile, nombre de druidesses proscrites, errantes, se retirèrent dans les bois, où elles furent longtemps consultées en secret par les populations campagnardes. Ce fut pis quand le christianisme eut définitivement conquis le pays pour devenir la religion dominante et officielle. Traquées par les agents du pouvoir civil, il leur fallut chercher une retraite plus sûre, dans les profondeurs des forêts, dans les cavernes des rochers, au sein des montagnes inabordables et sauvages.

Dans l'imagination du peuple qui, malgré sa conversion à la religion nouvelle, allait les relancer jusqu'au fond des bois pour leur demander conseils et remèdes, les druidesses devinrent des fées. Mais à mesure qu'augmentait l'influence des idées chrétiennes, leur puissance déclinait, si bien que des bonnes fées il ne resta plus qu'un souvenir, qui persista à travers les siècles dans les traditions populaires, en s'altérant parfois assez profondément. C'est ainsi qu'en maintes localités, elles virent leur baguette enchantée se transformer en un vulgaire manche à balai et elles-mêmes en sorcières. De même les trois fées qui, en Ecosse, prophétisèrent à Banco, chef des Stuart, la grandeur future de sa maison, devinrent plus tard, pour Shakspeare, les trois sorcières de *Macbeth*.

Si cette tentative d'explication est très admissible, quand il s'agit de l'appliquer aux contrées habitées par des populations celtiques comme la France, l'Irlande, le pays de Galles, l'Ecosse, il faut bien en chercher une autre pour les régions si nombreuses, où la croyance aux fées est tout aussi répandue.

Les fées aimaient à se réunir le soir, par les clairs de lune, dans les clairières des forêts désertes ou dans les prairies écartées. Leurs rondes étaient des plus gracieuses. Elles se transportaient aussi vite que la pensée partout où elles voulaient. On en voyait parfois glisser silencieusement sur la pente des montagnes, frôlant à peine les hautes herbes, au milieu d'une luminosité blanchâtre semblable à celle qu'émet autour d'elle la phosphorescente luciole.

Plusieurs ont laissé un souvenir encore vivant dans les populations de certains pays. Qui n'a entendu parler des deux fées bretonnes, *Morgane,* la fille du célèbre roi Artus et l'élève du fameux enchanteur Merlin, et *Viviane,* qui habite la forêt de Brocéliande, si renommée dans nos vieux romans de chevalerie. Citons aussi *Mélusine,* si connue dans le Poitou; la fée *Esterelle,* à laquelle les Provençaux apportaient des offrandes pour se la rendre propice; *Arie,* la fée tutélaire de l'*Ajoie* (pays de Porren'ruy et de Montbéliard); la fée *Urgande,* protectrice des chevaliers chrétiens; la bonne et douce *Habondia,* et *Titania,* la reine des fées, épouse du roi Obéron, qui a inspiré à Wieland un des plus beaux poèmes de la littérature allemande.

On était persuadé, dans quelques vallées de l'Ecosse, que les fées étaient chargées de conduire au Paradis les âmes des enfants nouveau-nés; naïve et touchante superstition qui peut-être pouvait atténuer le chagrin des parents.

Les fées étaient, en général, d'habiles et adroites fileuses. Mais la plus habile de toutes était bien certainement la fée Arie, qui faisaient des grottes de Milandre, près de Delle, son séjour favori. Patronne des jeunes filles laborieuses de l'Elsgau, le pays d'Ajoie d'aujourd'hui, elle leur apprenait à filer le lin et le chanvre. Malheur à celle que la paresse ou l'amour détournait de son ouvrage et du soin de son fuseau !... Sa quenouille emmêlée, horriblement embrouillée, allait lui donner « du fil à retordre. » Une femme seule, dans toute la Suisse romande, la reine Berthe, aurait pu, comme fileuse, rivaliser d'adresse avec la fée Arie.

Une vieille poésie allemande, le *Chant des fées,* parle de leur talent pour filer et tisser : « Sur notre fuseau, le fil brille ; il « est rouge et or. Nous le baignons dans « la rosée du calice des fleurs. Plus le « rouet tourne, plus l'or est brillant. Quand « toute la lumière est filée, nous tendons « le métier, et après bien des jours de tra- « vail, notre robe d'or est tissée ; ainsi « vêtues, nous nous asseyons au soleil, « et lorsque les lueurs du soir sont au « ciel, nous nous balançons sur les cîmes « vertes des feuilles. »

L'adresse des fées est devenue proverbiale. On dit d'une femme qui, par sa dextérité, exécute des ouvages à l'aiguille ou au crochet aussi jolis que fins, qu'elle est « adroite comme une fée, » qu'elle a « des doigts de fée, » etc.

Notre école romantique, qui s'est tant inspirée des vieux romans de chevalerie ainsi que des littératures allemande et anglaise, a remis les fées en honneur. Victor Hugo, le chef de cette école, n'a-t-il pas dit, dans sa première ballade, *Une Fée :*

> Que ce soit Urgèle ou Morgane,
> J'aime, en un rêve sans effroi,
> Qu'une fée au corps diaphane,
> Ainsi qu'une fleur qui se fane,
> Vienne pencher son front vers moi...

Les fées ont fait le sujet de maintes productions littéraires, en vers et en prose, outre les *Contes* proprement dits de Charles Perrault — que l'on pourrait surnommer le *Père des fées,* — de la comtesse d'Aulnoy, de la princesse de Beaumont, etc. Les poètes les ont chantées ; les romanciers leur ont consacrées d'intéressants récits, tels que *la Fée aux miettes* de Charles Nodier, *la Fée des grè-*

ves et *la Femme Blanche des Marais,*
de Paul Féval, etc ; les musiciens les
ont mises au théâtre dans des opéras et
des féeries, comme *la Flûte enchantée, la
Fée aux roses, le Lac des Fées,* etc.

Le souvenir de ces êtres merveilleux
subsiste encore en beaucoup d'endroits et
nombre de lieux-dits en ont gardé le nom.
Ils ne sont pas rares dane nos Vosges, et
tout près de nous, à Ormont, se trouve la
Roche des Fées, un des buts de promenade
les plus aimés des Déodatiens.

Cette mystérieuse montagne d'Ormont,
au pied de laquelle est située la ville de
Saint-Dié et dont les flancs recélent,
dit-on, une énorme quantité d'eau, était
le rendez-vous de toutes les fées vosgiennes. Un jour, les eaux souterraines menacèrent de faire irruption dans la vallée
et de tout engloutir. Déjà on entendait de
sinistres craquements, quand les bonnes
fées, émues de pitié à la pensée du désastre qui allait en résulter, touchés par les

lamentations des habitants affolés, réunirent leurs efforts et parvinrent à enserrer la montagne d'un cercle de fer, destiné à empêcher la dislocation et la rupture de ses parois. Désormais, les eaux prisonnières écoulèrent leur trop-plein d'une manière régulière et sans plus causer d'appréhension. Seulement, il fallait veiller à l'entretien du cercle magique, et, pour cela, un maréchal-serrurier de la Rochotte, dépositaire de père en fils du secret des fées, devait, tous les ans, le 4 novembre, jour de la Saint-Charles, faire le tour d'Ormont et s'assurer *de visu* du bon état de son armature. Les progrès de notre époque ont fait tomber en désuétude cette vieille et salutaire mesure de précaution ; mais le lac souterrain est toujours là, et qui peut répondre de l'avenir!!...

Quand on est dans les Vosges, peut-on oublier l'*Arbre des Fées* de Domremy, à l'ombre duquel Jeanne « la bonne lorraine » venait rêver à son patriotique dessein de délivrer la France de la présence de l'étranger. Aussi fut-elle accusée par les Anglais, — nos ennemis héréditaires, ceux-là — d'avoir entretenu des relations avec les fées, êtres réprouvés par la religion.

Toutes les fées dont nous venons de parler sont généralement de taille ordinaire. Mais il y en a de beancoup plus petites. Telles sont celles qui étaient sur le versant belfortain de l'extrémité méridionale de la chaîne des Vosges, du côté de Grosmagny. Elles habitaient, dans les champs voisins de ce village, des demeures souterraines. Les cultivateurs, en menant leurs charrues, les entendaient parfois « râcler leur pétrin ». Ils les interpellaient en leur disant : « Bonne fée, petite fée ! donne-nous de ce gâteau que tu fais si bien. » Et aussitôt, un beau gâteau se trouvait déposé à l'autre bout du champ. Heureux temps où les friandises les plus délicates étaient, et à si peu de frais, à la portée des gens de la campagne !...

Beaucoup plus petite encore est la taille

des Elfes, ces fées minuscules de la Germanie qui viennent danser en tourbillonnant dans l'air, au milieu des clairières qu'arrose un gentil et murmurant ruisseau. Sœurs des Djïnns et des Péris de l'Orient, elles sont si mignonnes et si belles, avec leur visage blanc comme un lys. Des rayons de la lune composent les fils de leur vêtements. Elles voltigent en se balançant, semblables à des papillons dorés, sur la tige des plantes qu'elles courbent à peine. Elles aiment la douce lumière des nuits, et quand un nuage vient à l'obscurcir soudain s'allume pour éclairer leurs ébats, la flamme tremblotante de quelques feux follets. Elles accompagnent leurs danses de chants si doux et si harmonieux que le passant, attardé dans les solitudes qu'elles fréquentent, s'arrête pour les écouter. Qu'il prenne garde ! Qu'il ne succombe pas surtout à l'envie de les approcher, car leur regard glace le cœur et leur baiser donne la mort !

Le romantisme allemand devait, tout

naturellement, s'emparer de ces petits êtres aériens. Ils n'y a pas manqué, et nous trouvons, dans les anciens recueils de ballades et de chants populaires, plusieurs pièces qui leur sont consacrées. Elles sont tout imprégnées du génie rêveur et poétique de l'ancienne Allemagne. On peut en juger par la ballade de la *Reine des Elfes*, de Frédéric Matthison, poëte du XVIIIe siècle :

Nous nous mirons, Elfes fragiles et légers, dans la rosée de la prairie éclairée par les étoiles. Nous dansons sur la mousse du ruisseau, nous nous berçons sur les bourgeons naissants, et nous dormons dans le calice des fleurs !

Elfes des montagnes, elfes des forêts, suivez votre reine sur le gazon perlé par la rosée ! Portés sur les toiles d'araignées, entourés de l'éclat du ver luisant, venez, accourez à la danse, à la lumière de la lune.

Que, léger comme l'air, un voile pur, blanchi sur les tombes froides à la lueur des étoiles, vous entoure. Vous tous, sur les monts, dans les vallées, dans les forêts, dans les prairies, sur la mousse, dans les roseaux, dans les blés, dans les buissons, venez, accourez à la ronde.

Sous les feuilles des orties, nous avons une belle salle de danse ; une blanche gaze de brouillard nous cachera ; nous tournerons rapidement, nous voltigerons avec légéreté. Une troupe de gnomes sombres sortira de terre et jouera de la harpe et du violon.

Venez, accourez à la danse ! Venez tous portés sur les

toiles d'araignées argentées. La ronde des elfes tourne rapidement. Où est le pied qui jamais ne glisse ? Nous autres elfes, nous voltigeons comme des zéphirs ; les herbes ne se courbent pas sous nos pas.

Il existait, au milieu d'un petit bois situé entre deux villages du canton d'Audincourt, au pays de Montbéliard, une ravissante clairière. Lorsque nous y passâmes, il y a dix ou douze ans, une troupe folâtre d'elfes venait encore, prétendait-on, voltiger et danser sur son frais et vert gazon. Ces charmantes petites créatures étaient venues d'Allemagne, leur patrie, — il y avait bien longtemps de cela — à la suite des ducs de Wurtemberg, lorsqu'ils vinrent régner sur cette partie de la Franche-Comté. Comme leurs gnomes musiciens avaient refusé de quitter le pays natal pour les suivre, elles se contentèrent ici, pour mener leurs rondes, des sons, quelque peu stridents, des noirs grillons champêtres.

Dans ces dernières années, on a construit en cet endroit deux ou trois auberges, dont le besoin se faisait vivement sentir, parait-il, afin de faciliter aux ouvriers des usines voisines les occasions de se réunir pour y discuter, entre les bouteilles et les verres, de leurs droits, de leurs revendications et de l'organisation des futures grèves. Les esprits de l'air n'aiment pas un pareil voisinage, et ils se sont aussitôt enfuis sans espoir de retour!...

Saint-Dié, 24 Mars 1901.

UN PROFESSEUR
DU
COLLÈGE DE SAINT-DIÉ
en 1855

Dernièrement ont eut lieu à Grenoble les obsèques d'un homme dont la célébrité scientifique est devenue universelle. Sa mort met en deuil non seulement l'Université delphinale, mais encore tous les savants de la France et du monde entier. F.-M. RAOULT, commandeur de la Légion d'honneur, doyen de la Faculté des sciences, était en effet une des illustrations de notre époque, si féconde en savants remarquables. Mais nous n'en parlerions pas s'il n'avait appartenu, il y a près d'un demi-siècle, au collège communal de notre ville, en qualité de professeur de physique et de chimie. Il n'y resta pas même une année scolaire complète ; ce passage de quelques mois dans notre établissement d'enseignement secondaire suffit néanmoins pour en évoquer et en garder le souvenir.

Par un arrêté du mois d'août 1855 du Ministre de l'Instruction publique et des Cultes — c'était H^{te} Fortoul à celle époque — Francois-Marie Raoult, licencié-ès-sciences physiques, aspirant répétiteur au lycée impérial de Reims, était nommé régent de physique et chimie au collège de Saint-Dié, en remplacement de M. Duranton, appelé à d'autres fonctions.

Le nouveau professeur avait 25 ans, étant né en 1830 dans une petite ville du département du Nord. C'était un intelligent et un travailleur. Sans fortune, livré à lui-même, il donna d'abord des leçons particulières, et, par son obstiné et infatigable labeur, parvint à acquérir successivement ses diplômes de bachelier-ès-lettres et ès-sciences et de licencié-ès-sciences physiques.

Son séjour au collège fut de si courte

durée qu'il n'y laissa pour ainsi dire pas de trace. C'est sans doute pour cela que M. L. Genay, dans son excellente notice sur le collège de Saint-Dié, n'a pas cru devoir citer son nom. Grâce à l'aimable complaisance de M. le Principal Bourcier, nous avons eu sous les yeux un *Registre de Notes pour la classe des Sciences physiques,* destiné à la répartition des points dans les compositions. Le premier feuillet porte le nom de Duranton ; les six pages qui suivent, celui de Raoult, avec les dates du 1er Décembre 1855 au 1er Avril 1856. Puis, ce nom disparaît pour faire place à celui de Joffrès, le 15 novembre suivant.

Voici ce qui avait dû se passer dans l intervalle, autant que l'on peut en juger par ce registre, incomplètement et irrégulièrement tenu. Un arrêté ministériel du mois d'avril 1856, inséré au *Recueil des Lois et Actes de l'Instruction publique* (9e année, page 102), charge M. Raoult, à titre de suppléant, des fonctions de professeur-adjoint de physique au lycée de Reims, et nomme, pour le remplacer au collège de Saint-Dié, M. Thiédey, bachelier-ès-sciences et maître répétiteur au lycée de Troyes. Celui-ci n'accepta pas ce changement, et nous trouvons, pour la rentrée scolaire de 1856, un spirituel méridional de l'Ariège. M. Joffrès, pourvu de la chaire de physique et chimie, qu'il devait occuper avec distinction pendant près de dix années.

On peut en conclure que le futur professeur de l'Université de Grenoble ne demeura à Saint-Dié que pendant sept mois au plus. Ce n'est pas un laps de temps suffisant pour faire, dans une localité et dans un établissement, une bien grande et bien durable impression.

Après avoir encore passé quelque temps à Reims, Raoult obtint le titre d'agrégé d'enseignement secondaire spécial et, en 1863, présenta à la Faculté des sciences de Paris, pour le doctorat-ès-sciences physiques, une thèse des plus remarquables, qui dénota dans son auteur l'étoffe d'un véritable savant. Elle est intitulée : *Recherches sur les forces électro-motrices des éléments voltaïques*. Il était alors professeur au lycée de Sens, qu'il quitta, vers 1867, pour la Faculté des sciences de Grenoble, où il fût chargé d'un cours de Chimie.

C'est dans l'ancienne capitale du Dauphiné qu'il vécut désormais, qu'il travailla et qu'il devint, par ses efforts soutenus et prolongés, un des plus illustres représentants de la science contemporaine.

Nous n'avons pas à faire une biographie de ce grand savant, qui fut le créateur de deux branches nouvelles de la physicochimie, la cryoscopie et la tonométrie, « si intéressantes par leurs conséquences théoriques, si utiles par leurs applications pratiques ». Notre intention est tout simplement de rappeler la fugitive apparition qu'a faite, au collège de Saint-Dié, F.-M. Raoult. Il y a encore ici quelques rares Déodatiens — *rari nantes* ! — qui ont suivi ses leçons, et dont les souvenirs de jeunesse et de collège gardent sans doute la mémoire. Nous avons vu, parmi les élèves de cette époque déjà lointaine, les noms du docteur L. de Mirbeck, de Stanislas Gérardin, ancien capitaine d'artillerie, de Gustave Lung, banquier, et nous estimons que c'est un honneur pour eux d'avoir été, pour si peu de temps que ce soit, les élèves d'un maître qui devait, plus tard, acquérir une telle célébrité. De même, nous pensons que c'en est un aussi, pour le collège, de l'avoir compté, ne fut-ce qu'un moment, dans le personnel de ses professeurs.

Saint-Dié, 12 Mai 1901.

CHARLES DAUTRICHE

Chanoine de Saint-Dié

ET

SES ARMOIRIES

C'est une des figures les plus intéressantes et les plus sympathiques du Chapitre de Saint-Dié que celle du chanoine Dautriche — et non *d'Autriche,* comme on écrit presque toujours ce nom. En possession d'une très belle fortune, il savait en faire le plus noble et le plus généreux emploi. Ses constructions et fondations, toujours existantes, lui ont valu, dans notre pays, une grande renommée, qui persistera pendant bien longtemps encore.

Sa famille était de Mirecourt, où son père Claude Dautriche avait été anobli le 20 Décembre 1662. Ses armoiries sont figurées et décrites dans le *Nobiliaire de la Lorraine et du Barrois* de Dom Pelletier (p. 19) de la manière suivante : « Porte une croix d'or, cantonnée au 1er d'azur à un lion d'or, aux 2e et 3e de gueules à trois chevrons d'argent, au 4e d'azur à deux bars adossés d'argent ».

En 1696, le chanoine Dautriche fit enrégistrer ses armoiries dans *l'Armorial général de France,* dit de d'Hozier, et paya la taxe de 20 livres fixée comme prix de l'enregistrement. Mais les armes représentées dans le 18e volume des blasons coloriés de *l'Armorial,* sont loin d'être identiques à celles données par D. Pelletier. Le blason peint par d'Hozier (p. 280, fig. 3) porte *de sable écartelé par un trait d'or en croix, au 1er à un lion d'or, aux 2e et 3e à trois chevrons d'argent, et au 4e à deux dauphins adossés d'or couronnés de même.*

On voit que la différence est sensible. A quoi peut-elle tenir ? Nous allons essayer de l'expliquer.

On sait que *l'Armorial,* de France, avait été créé par l'édit de novembre 1696 dans un but purement fiscal. Louis XIV avait besoin de beaucoup d'argent pour faire face aux énormes dépenses occasionnées par ses campagnes continuelles et la construction des places fortes dont il garnissait les frontières, ainsi que par le faste qu'il déployait à sa cour. Il eut une idée géniale : celle de spéculer sur l'orgueil et la vanité de ses sujets en usant de l'anoblissement pour battre monnaie. Excellent moyen, qui réussirait très-probablement aussi bien de nos jours, si la République voulait s'en servir, car la vanité humaine est de toutes les époques !... Cet édit, qui établissait « la Grande Maîtrise générale et dépôt public des armes et blasons du Royaume de France », était applicable au duché de Lorraine, alors considéré comme faisant partie du territoire français. Pour éviter des désagréments possibles — on savait que les agents du fisc royal n'étaient pas tendres, — beaucoup de nobles et d'anoblis lorrains se hâtèrent de faire confirmer ou enregistrer leurs armoiries. Cela se fit avec une promptitude telle que quand le traité de Ryswick, conclu le 30 octobre 1697 et ratifié le 13 Décembre suivant, eut rendu la Lorraine à son duc Léopold, le travail de recensement était très avancé. Mais il se ressentait grandement de la précipitation, de la hâte presque fébrile qu'avait mis à le faire Adrien Vanier, bourgeois de Paris, chargé, moyennant le paiement d'une assez grosse somme qu'il acquitta à titre de cautionnement, de recouvrer « la finance devant provenir des taxes des armoiries et blasons », et d'établir dans la province, qu'il sentait sur le point de lui échapper, des bureaux destinés à fournir aux commissaires-généraux tous les renseignements nécessaires à d'Hozier.

Le retour de la Lorraine à ses souverains légitimes fut cause que, en ce qui la concerne, *l'Armorial* fut incomplet, passablement négligé, et même fautif dans bien des cas.

Les irrégularités et les erreurs étaient d'autant plus faciles que l'on ne se montrait pas exigeant pour l'enregistrement.

Payer la taxe d'abord (20 livres par personne, 50 livres pour les abbayes, et de 25 à 100 livres pour les compagnies, corps de ville, offices et communautés), puis produire un dessin colorié des armes que l'on avait déjà et dont on demandait confirmation, ou de celles que l'on désirait avoir ; ou bien l'empreinte de son cachet sur de la cire, avec la désignation écrite des métaux et des émaux (couleurs) dont les armoiries sont ou seront composées, en ajoutant en bas ses noms et qualités.

Ce n'était pas plus difficile que cela. Aussi, l'on comprend qu'avec un dessin laissant à désirer ou une empreinte mal venue et quelque peu craquelée, les employés des bureaux héraldiques et d'Hozier, le garde de l'*Armorial* lui-même, aient fait de fausses interprétations de pièces, de figures et de couleurs, et commis de grosses et nombreuses erreurs, comme celle des *bars d'argent* transformés en *dauphins d'or*.

Nous pensons qu'on ne peut guère expliquer autrement la notable différence qui existe dans les armoiries de Charles Dautriche, et que ce sont celles données par D. Ambroise Pelletier qui doivent être considérées comme les véritables. Le savant bénédictin-curé de Senones, un lorrain de Portieux, était plus à même que qui que ce soit d'avoir, sur ses compatriotes nobles et anoblis, des renseignements exacts et précis.

C'est à dessein que nous écrivons Dautriche et non *d'Autriche*, suivant en cela l'orthographe adoptée par MM. Henri Lepage et Léon Germain dans leur *Supplément au Nobiliaire de Lorraine* (p. 31z). Ces deux savants auteurs ont rétabli le nom, — malgré un usage invétéré datant même du vivant des personnes qui le portaient, ce qui leur donnait un meilleur air de noblesse, — d'après des pièces de l'ancien Trésor des Chartes de Lorraine, aujourd'hui aux Archives de Meurthe-et-Moselle.

Il y aurait grand intérêt à connaître la

biographie du chanoine Dautriche. Sans doute, il existe sur lui, soit dans les anciens registres capitulaires de l'Insigne église de Saint-Dié, soit ailleurs, assez de documents pour retracer la vie d'un homme dont le souvenir doit rester vivant dans la mémoire de tous les Déodatiens. Nous croyons savoir qu'un des plus laborieux et des plus érudits chanoines de notre cathédrale se propose de publier bientôt cette biographie dans le *Bulletin de la Société Philomatique,* en y joignant une reproduction du portrait que possède l'hôpital Saint-Charles.

L'époque où il vivait fut une des plus intéressantes de l'histoire du chapitre de Saint-Dié. Les chanoines étaient, presque tous, issus des meilleures familles du pays, riches et usant largement de leur fortune, aimant les beaux-arts et les belles-lettres. On pouvait leur reprocher d'être un peu trop mondains et, au mois d'Août 1684, il avait fallu une délibération capitulaire pour les faire rentrer dans une observance plus étroite de leur règle. Voici les noms de quelques-uns des vingt-cinq membres du Chapitre qui, à la fin du XVII siècle, étaient confrères du chanoine Dautriche : Georges-François Rousselot d'Hedival, Jacques d'Orge, Rodolphe Thiéry, *chantre*, Alexandre Henry, Pierre Lombart, Etienne de Procheville, François de Valfleury, *écolâtre,* Nicolas Lallemand, Joseph de Margadel, Charles et Sébastien de Billault, Charles et François Colliquet, Charles de Reims et Simon Barxel. Ce dernier voulut s'associer à l'œuvre de bienfaisance de son confrère et ami, et, par testament, légua à l'hospice de Saint-Dié, alors en voie de construction, une somme de 12.930 livres.

L'abbé Dautriche, devenu grand-doyen du chapitre, coopéra pour une grande part à la construction de la façade de la cathédrale. Il donna d'abord 13.000 livres pour construire la tour du nord, puis porta sa souscription à 30.000 pour alléger d'autant les dépenses du chapitre, quand celui-ci eut décidé de parfaire la façade en y ajoutant un portail.

Les plans furent dressés par un architecte italien, Giovanni Betto, et les travaux, commencés en 1710 et conduits avec une grande rapidité, furent terminés en moins de trois ans. On marchait plus vite à cette époque que maintenant et l'architecte actuel de l'église Saint-Martin devrait prendre pour modèle son collègue de jadis...

On a dit bien du mal de cette façade d'ordre dorique. On a prétendu qu'elle est sévère à l'excès, disgracieuse, lourde ; un savant archéologue de premier ordre, de Caumont, l'a même qualifiée de « repoussante ». C'est là un bien gros mot et une bien terrible épithète... Nous nous rangerions plus volontiers à l'avis de M. Gaston Save, qui la trouve « inélégante, manquant d'ensemble et en désaccord avec le style du reste de l'édifice ». Et pourtant, regardez-la, dans la superbe photogravure qui orne l'ouvrage *Du Donon au Ballon d'Alsace* de MM. Fournier et Franck (fascic. III, *Saint-Dié*), et vous verrez si elle n'a pas un aspect monumental très-remarquable et n'est pas d'un imposant effet. *Non est adeo informis !*...

Le doyen Dautriche donna aussi, en 1714, la grosse cloche ou bourdon. Cette cloche a son histoire gravée sur ses flancs sous forme d'une longue inscription latine. Des moulages en plâtre des sculptures qui la décorent sont placés dans une des armoires vitrées de notre Musée. Quant à l'inscription, elle a été copiée par le peintre Dolmaire, en 1879, lors de l'application de son système de suspension des cloches, et reproduite par A. Stegmüller dans son *Guide du touriste à Saint-Dié et ses environs* (2ᵉ édit. p. 60 en note).

Notre vénérable chanoine fut encore — et c'est là son plus beau titre à la reconnaissance de la ville de Saint-Dié, — le fondateur de l'hôpital, qu'il dédia à saint Charles Borromée, son patron. Voici ce qu'on lit dans son testament daté du 2 juin 1725 : « Comme la mort pourrait me
« prévenir avant que le bâtiment de
« l'hôpital fut achevé, je déclare que je
« veux que *vingt cinq mille livres tour-*

« *nois* soient employées pour ledit bâti-
« ment, pris préférablement à tout ce qui
« est ordonné cy-dessus, y, compris ce
« qui sera déboursé aux ouvriers ou autres,
« ce qui sera aisé à démêler, ayant fait
« un journal à part de tous les reçus des
« ouvriers et autres dépenses faites au
« sujet du bâtiment dudit hôpital. Mon
« intention, en donnant *vingt cinq mille*
« *livres* pour le bâtiment de l'hôpital,
« comme dit est, est à condition, et pas
« autrement, que le Chapitre seul en sera
« le directeur, comme il a toujours été
« depuis la première donation que fit M.
« de Bildstein, chanoine en l'année 1545,
« d'une somme de deux mille quatre
« cent quarante six francs vingt gros,
« qui, depuis, a été augmentée à la mort
« de beaucoup de chanoines, ce qui en
« grossit le revenu à la somme dont il est à
« présent dotté, sans qu'autres que des
« chanoines y aient contribués. »

Le chanoine Dautriche habitait, dans la rue *Cachée*, un hôtel qui appartint plus tard à M. de Montauban, devint ensuite le collège communal, puis un pensionnat de jeunes filles, aujourd'hui démoli pour l'ouverture de la rue de *l'Orphelinat*. Nous nous rappelons, dans l'aile droite, un bel escalier orné d'une superbe rampe en fer forgé artistement travaillé.

Il mourut au commencement de 1729. « Je désire, dit-il dans son testament, « mon corps être inhumé à l'entrée de « l'église Notre-Dame, sous la tombe la « plus près de l'escalier, dans le cloître, « si Messieurs veulent bien me l'accorder, « afin que mon corps étant foulé aux pieds « de tous ceux qui entreront et sortiront « de l'église, je puisse faire par là hom- « mage en quelque façon à Dieu en répa- « ration de ma vanité et orgueil. Je dé- « fends très expressément qu'il soit rien « écrit sur aucune épitaphe, pas même « mon nom sur la tombe, mais seulement : « *Hic jacet in vitâ vermis, in morte pul- « vis !* »

La sœur du grand doyen de Saint-Dié, Françoise Dautriche, avait épousé, le 9

avril 1682, Nicolas Gillet de Vaucourt, dont la famille avait été anoblie par l'empereur Ferdinand le 26 mars 1626. De cette union était né, entr'autres enfants, Charles, qui fut tenu sur les fonds baptismaux par son oncle le chanoine. Celui-ci eut toujours pour son filleul une prédilection marquée. Aussi ce fut à lui qu'il légua « toute son argenterie et toutes ses ar- « mes, ainsi que ses équipages de chasse « et tous les chevaux qui seront dans son « écurie, avec les harnais, selles, brides « et bottes ». A Madame de Vaucourt, née Marguerite-Thérèse Parisot, i légua « toutes les toiles, soit de lin où de chan- « vre qui se trouveront en sa maison, en « pièces, au moment de son décès, ainsi « que le tableau de Notre-Dame tenant « l'enfant Jésus peint par Le Castor ». Il donna à ses deux petites-nièces ses deux tasses de vermeil.

Ce Charles Gillet de Vaucourt, dont il est ici question, avait été créé baron le 11 septembre 1718. Il était chevalier, seigneur d'Arracourt, conseiller d'épée au

bailliage et prévôté de Nancy, puis prévôt et lieutenant général de police de cette ville. Il portait « couppé, le chef de gueu-
« les et la pointe d'azur, à la fasce d'argent
« brochante sur le tout ; sommée d'un
« lion naissant d'or, et accompagnée en
« pointe d'une croix pattée de même ».

Saint-Dié, ce 20 Mai 1901.

L'IGNAME DE CHINE
ET
LE COMICE AGRICOLE
DE SAINT-DIÉ

De même que l'Histoire, l'Agriculture serait-elle un recommencement ? On pourrait presque le supposer quand on voit une plante, dont il a été beaucoup question ici-même il y a près d'un demi siècle, et qui paraissait depuis complètement oubliée, reprendre un regain d'actualité.

Voici qu'il est de nouveau question de l'Igname de Chine comme d'un légume précieux, « susceptible d attirer l'attention du jardinier et de l'amateur ». Le N° 144 (mars-avril 1901) du *Bulletin de la Société d'Horticulture et de Viticulture des Vos-*

ges lui consacre un substantiel article, sous la signature de Henri Theulier fils.

Pour les anciens membres du Comice de l'arrondissement de Saint-Dié, l'Igname est une vieille connaissance. Il y a belle heure qu'il en a été question dans ses réunions, et les essais entrepris pour l'acclimater dans le pays forment, pour ainsi dire, une page de notre histoire agricole locale.

Ce fut dans la séance du 1er Juillet 1855 que l'honorable président du Comice, M. Blondin, distribua à ses collègues quelques tubercules et bulbilles de cette nouvelle plante potagère, dont le nom botanique est *Dioscorea batatas*, que venait de lui adresser la Société régionale d'Acclimatation de Nancy. Parmi ceux qui en acceptèrent avec l'intention d'en expérimenter sérieusement la culture, se trouvait le brigadier-forestier Guillemin, homme laborieux et habile, dont le souvenir est resté vivace chez beaucoup de ses concitoyens. Nous l'avons connu : c'était un des membres les plus exacts et les plus attentifs de nos réunions mensuelles du Comice, auxquelles il ne manquait jamais d'assister et où sa place était marquée aux côtés des assidus, Poivre, Benoît-Marcot, Cuny-Gérard, Zetter, Houël ainé, Martin-Hachette, et J.-B. Rattaire.

Les tout petits tubercules confiés à M. Guillemin ne pouvaient, ainsi qu'on va le voir, tomber en de meilleures mains.

Les diverses phases expérimentales de cet essai d'acclimatation dans notre région vosgienne se succédèrent ainsi :

Le 4 août suivant, c'est-à-dire un mois après la remise qui lui avait été faite, Guillemin déposa sur le bureau du Comice un petit pot dans lequel il avait mis un tubercule d'Igname. La plante atteignait déjà une hauteur de 12 centimètres. Pour en activer la végétation, il avait fait macérer ce tubercule dans de l'eau pendant vingt-quatre heures, avant de le planter sur couche dans le pot.

Quelques expérimentateurs, qui avaient planté les leurs en pleine terre, n'obtinrent aucun résultat : les tubercules restèrent dans le sol sans grossir, donnant des tiges variant de 50 centimètres à 1 mètre. Puis perdant peu à peu de vue cette humble plante volubile qui grandissait et s'allongeait, la prenant plus tard pour quelque vulgaire liseron égaré parmi les légumes de leur jardin, ils l'arrachèrent et la jetèrent avec les mauvaises herbes.

En adroit horticulteur qu'il était, Guillemin avait pris certaines précautions pour planter son échantillon. Aussi, dès cette même année 1855, avait-il obtenu un tubercule de 8 à 10 centimètres de longueur. Il en coupa la partie supérieure par tranches de 1 centimètre environ d'épaisseur, et les planta. Le 5 octobre 1856, il put montrer un beau spécimen dont le le tubercule atteignait une longueur de 25 centimètres sur 3 de diamètre. Quant aux autres pieds qui, sans le moindre doute, avaient pris le même développement, il les couvrit de feuilles pour passer l'hiver, et attendit patiemment l'année suivante pour voir si la plante se développerait davantage.

Pendant qu'avaient lieu à Saint-Dié ces tentatives d'acclimatation, celles que l'on faisait à Epinal ne réussissaient pas. Au Jardin botanique de Nancy, au contraire, la réussite paraissait assurée. Un des plus experts jardiniers de cette ville avait cependant cru pouvoir affirmer que l'Igname de Chine ne donnerait jamais, chez nous, que des racines de 30 à 60 centimètre de longueur, atteignant un poids de 400 à 800 grammes.

Au 15 septembre 1857, Guillemin avait obtenu des tubercules de 60 centimètres de longueur, pesant 1 kil. 650 grammes, plus du double de ce qu'on avait supposé pour le climat de Nancy. Les résultats de ses essais jusqu'au 1er février 1858 prouvaient que pour cultiver l'Igname dans les meilleures conditions possibles, il fallait choisir un sol profond, bien fumé, diviser les tubercules en tranches de 1 centimètre d'épaisseur, et les planter au printemps. Quatre méthodes différentes avaient été essayées par lui : 1º par la plantation d'un rhizôme ; 2º par la plantation d'une portion de rhizôme (la partie supérieure) ; 3¹ par celle de tronçons de racines ; 4º par celle de bulbilles. Il donna la préférence au troisième mode qui peut multiplier l'espèce indéfiniment, mais qui exige trois années pour avoir la plante dans tout son développement, quoique, au bout de deux ans, les produits auraient atteints déjà le poids d'un kilogramme.

Faut-il s'effrayer des trois années demandées pour obtenir des rhizômes de belles dimensions ? Il ne faudrait pas moins de temps pour avoir des pommes de terre de semis.

L'Igname est une plante très rustique et robuste. On savait déjà que ses racines pouvaient supporter 14º sous zéro sans être altérées. C'est cette grande aptitude à supporter des froids intenses qui permet de les laisser en terre pendant l'hiver. Un hasard météorologique vint, au cours des six années d'expérimentation de M. Guillemin, démontrer la rusticité de cette plante. Le mois de décembre 1859 fut très-rude à Saint-Dié, et, dans la nuit du 17 au 18, le thermomètre marqua 23º, presque le maximum de froid observé jusqu'ici dans notre localité. Or, après avoir retrouvé l'Igname, au printemps de 1860, sans la moindre altération et parfaitement saine et sauve, on put assurer que son hivernage était certain dans nos contrées.

Ce que l'on peut lui reprocher, c'est la longueur des rhizômes, ce qui en rend l'arrachage assez difficile. Il n'y a pas moyen de faire, cette opération sans défoncer le terrain à près d'un mètre de profondeur. « C'est évidemment cette difficulté, dit M. Theulier dans le *Bulletin* de la Société d'Epinal, qui a empêché ce précieux légume de prendre place dans la culture réellement courante de notre pays.»

C'était à la vaincre que tendait tous les efforts de notre ingénieux et patient horticulteur. Il s'agissait pour lui de modifier la forme de la racine, en la rendant moins pivotante, en l'obligeant, au lieu de s'enfoncer perpendiculairement dans le sol, à s'étaler en partant du collet et à former patte d'oie.

Il y parvint en partie et prouva en tout cas que la chose était possible, puisque dans la séance du Comice du 1er avril 1860, il montra différents tubercules, dont quelques-uns prenaient déjà une forme plus ramassée, avec tendance à se bifurquer et même à se diviser encore davantage, et qui, tout en ayant un poids égal, avaient moitié moins de longueur que les autres.

Nous avons mangé de ces tubercules, provenant de la propriété Guillemin, à l'angle de la rue du *Nord* et de l'impasse *du Beau Jardin*. Accomodé « à la maître d'hôtel », ce mets était excellent et d'un goût se rapprochant extraordinairement de celui de la pomme de terre. D'autres personnes en ont également goûté, et toutes ont été très satisfaites de leur expérience gastronomique.

Au moment où, dans une Revue horticole vosgienne, l'Igname de Chine reparait sur l'horizon, nous avons cru bien faire en rappelant les efforts faits jadis à Saint-Dié pour l'acclimater et la faire connaître. C'est là, ainsi que nous l'avons dit en commençant, une page intéressante de l'histoire de notre Comice agricole. Et si jamais la culture de cette plante alimentaire est reprise et propagée dans le pays, il ne faudra pas oublier que c'est le brigadier-forestier Guillemin, par ses essais aussi intelligents que persévérants, qui aura résolu le problème de son acclimatation dans les Vosges.

28 Mai 1901

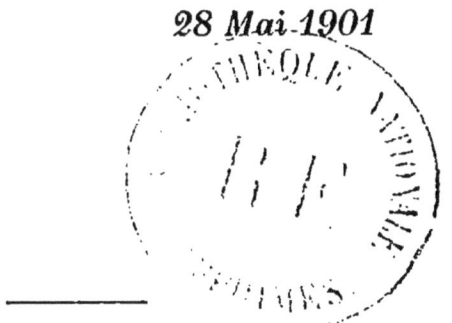

———

TABLE DES MATIÈRES

	Pages
Poissons et Usines	3
Le Champignon dévastateur	13
Fées et Elfes	23
Un Professeur du Collège de Saint-Dié en 1855	39
Le Chanoine Charles Dautriche et ses Armoiries	45
L'Igname de Chine et le Comice agricole de Saint-Dié	59

MISCELLANÉES

PAR

Henri BARDY

****

SAINT-DIÉ
TYPOGRAPHIE ET LITHOGRAPHIE C. CUNY

1901

www.ingramcontent.com/pod-product-compliance
Lightning Source LLC
LaVergne TN
LVHW051511090426
835512LV00010B/2473